NBS Northern Business School
Grundlagen Kriminalwissenschaften
SoSe 2020

AFI18933

Die nichtjuristische Kriminalwissenschaft
Abgrenzung und mögliche Synergieeffekte zwischen Kriminologie & Kriminalistik

Bruno Merkel
Abgabedatum: 31.05.2020

Bibliografische Information der Deutschen Nationalbibliothek:

Die Deutsche Nationalbibliothek verzeichnet diese Publikation in der Deutschen Nationalbibliografie; detaillierte bibliografische Daten sind im Internet über http://dnb.d-nb.de abrufbar.

ISBN: 9783346603616
Dieses Buch ist auch als E-Book erhältlich.

Druck und Bindung: Books on Demand GmbH, Norderstedt Germany
Gedruckt auf säurefreiem Papier aus verantwortungsvollen Quellen

Das vorliegende Werk wurde sorgfältig erarbeitet. Dennoch übernehmen Autoren und Verlag für die Richtigkeit von Angaben, Hinweisen, Links und Ratschlägen sowie eventuelle Druckfehler keine Haftung.

Das Buch bei GRIN: https://www.grin.com/document/1181305

Inhalt

Abbildungsverzeichnis

Diese Abbildung wurde aus urheberrechtlichen Gründen von der Redaktion entfernt.

1. Einleitung

In den letzten Jahren ist Sicherheit zu einem essentiellen Thema der Stadtentwicklung geworden. Man setzt vermehrt technische Überwachungsmaßnahmen ein, um abweichendes Verhalten im Vorfeld erfassen zu können. Einzelnen Stadtgebieten werden die unterschiedlichen Qualitäten, Sicherheit und Unsicherheit zugeschrieben. Dies ist dem dort wirksamen kriminellen Verhalten des Menschen zuzuschreiben (vgl. Glasze 2005, S.7). Das Potential des kriminellen Handelns wird u.a. von Strafverfolgungsbehörden in Fokus genommen und in dieser wissenschaftlichen Ausarbeitung näher beleuchtet. Dazu nutzt man vorwiegend die kriminalwissenschaftlichen Erkenntnisse der nichtjuristischen Kriminalwissenschaften. Zum einen wird ein Rechtsbrecher und sein Umfeld kriminologisch analysiert. Hierzu gehören die Ursachen der Handlungen, die mithilfe von Bezugswissenschaften ergründet werden. Hinzu kommt die Fallanalyse der Kriminalistik, hierzu gehört das Aufdecken und Untersuchen von Straftaten sowie die Suche, Sicherung und Auswertung von Beweismitteln (vgl. Berthel 2008, S.2). Dementsprechend befasst sich diese wissenschaftliche Arbeit mit der Abgrenzung sowie den Überschneidungen und möglichen Synergieeffekten, die aus den Gemeinsamkeiten und Unterschieden, zwischen der Kriminologie und Kriminalistik hervorgehen.

1.1. Herleitung des Themas

Wie schon bereits erwähnt hat sich feststellenlassen, dass technische Überwachungsmaßnamen zu nahmen, die abweichendes Verhalten bis hin zur Delinquenz erfassen, um im strafrechtlichen Vorfeld wirken zu können (vgl. Glasze 2005, S.7). Ob eine derartige Überwachung aus einer Synergie entsteht und zur Kriminalprävention beiträgt, bleibt an dieser Stelle vorerst offen. Jedenfalls geht bereits aus der BKA Forschungsreiche „Empirische Kriminalprävention" aus dem Jahre 1987, eine Synergie zwischen Kriminologie und Kriminalistik hervor, die sich in der „Kriminalgeographie" äußert. Hier gilt es „kriminelles Verhalten in seiner raumzeitlichen Verteilung [zu erfassen] und durch spezifische raumzeitliche Verbreitung- und Verknüpfungsmuster demographischer, wirtschaftlicher, sozialer, psychischer und kultureller Einflussgrößen zu erklären", mit dem Ziel zur Kriminalprävention beitragen zu können (vgl. Schwind 1987, S.1). Wiederum basiert die Zielrichtung dieser Arbeit, vorerst fundamental auf den Themengebieten Kriminologie und Kriminalistik. So werden zudem im Rahmen dieser Ausarbeitung, die Themen Künstliche Intelligenz und Kriminalpsychologie hergeleitet, um in der Gänze einen Mehrwert zu generieren. Dem zur Folge die aufgeführten Themen sinngemäß im Zusammenhang zueinander gebracht werden. An dieser Stelle wird das zuvor sitzengebliebene Überwachungs-System bedeutend, da bzgl. des Mehr-

1

werts, hier dessen Komponenten konzeptionell in Einklang gebracht werden. Schluss-endlich soll auf der Grundlage der Komponenten, im Ausblick dieser Arbeit ein Abstrakt für ein automatisiertes Ermittlungssystem erbracht werden, welches die Synergien zwi-schen der Kriminologie und Kriminalistik zukunftsorientiert innehält.

1.2. Herleitung der Fragestellung

Das Thema dieser wissenschaftlichen Arbeit ist die nichtjuristische Kriminalwissen-schaft, weil es sich hierbei bewusster maßen um die Abgrenzung dessen beider Teil-bereiche handelt und implizit um dessen Kausalität, in Form von Synergieeffekten, wurde zur Bearbeitung die folgende Leitfrage hergeleitet:

Kann die Kriminologie von der Kriminalistik abgrenzt werden und ergeben sich Syner-gieeffekte aus der Zusammenwirkung beider nichtjuristischen Teilbereiche?

1.3. Vorstellung der Methodik

Zielführend wurden von der Leitfrage zwei Thesen abgeleitet, die es im Rahmen der Beantwortung, zu verifizieren oder falsifizieren gilt. Dabei handelt es sich um die The-se: *Die Kriminologie ist von der Kriminalistik strikt abzugrenzen!* sowie die Antithese: *Aus dem Zusammenwirken der Kriminologie und der Kriminalistik entstehen Synergie-effekte in Theorie und Praxis.*

Als grundlegend gilt die Literaturrecherche und Analyse bzgl. der Abgrenzungen und Überschneidungen der beiden Teilwissenschaften im Ersten Hauptteil. So kommt es dazu, dass die Theorie der Kriminologie und Kriminalistik, durch den Einsatz von wis-senschaftlicher Literatur grundlegend erklärt wird, um anhand der festgestellten Über-schneidungen, die Synergieeffekte im darauffolgenden Hauptteil in Betracht ziehen zu können.

Der Zweite Hauptteil ist weiter ins detailgehend. Hier werden die möglichen Synergieef-fekte ergründet, die sich aus der Zusammenführung der beiden Teilwissenschaften ergeben. Vor allem, weil hierzu aktuellere Themen, wie die Künstliche Intelligenz und die Problematik, die sich daraus ergibt, herbeigeführt werden. Vorwiegenden werden dazu Monographien und Veröffentlichungen der Polizei auf der BKA-Website genutzt, jedoch kommt es auch zu Übersetzungen von Forschungen und Experimenten aus dem englischsprachigen Raum.

Im Fazit werden die Ergebnisse zur Evaluation der Thesen und somit zur Beantwor-tung der Leitfrage zusammengetragen. Daraufhin thematisiert der Ausblick nicht nur den potentiellen Mehrwert, in Form eines automatisierten Ermittlungssystems, sondern auch die damit eingehende Problematik, die durch Themen dieser Arbeiten aufgegrif-fen werden.

2.　Charakterisierung der Nichtjuristischen Kriminalwissenschaften

Die Strafverfolgungsbehörden nutzen bei der Verfolgung von Straftaten kriminalwissenschaftliche Erkenntnisse. Dabei wird grundsätzlich zwischen juristischen und nichtjuristischen Kriminalwissenschaften unterschieden, wie aus der Abbildung 1. zu entnehmen ist.

Abbildung 1. Unterteilung der Kriminalwissenschaften (vgl. Frings 2016, S.1) (vgl. Berthel 2008, S.4) (vgl. Zerbin 2020, S.6).

Zusätzlich kann aus der Abbildung entnommen werden, dass der Bereich der nichtjuristischen Kriminalwissenschaften nochmals in die Teilbereiche Kriminalistik und Kriminologie unterteilt wird (vgl. Frings 2016, S.1). Es handelt es sich dabei um Tatsachenwissenschaften, die sich mit dem „Sein" in der Realität auseinandersetzen. Hierzu nutzt man Erkenntnisse und erhobene Daten der Wirklichkeit. Hingegen ist die juristische Kriminalwissenschaft von dieser wissenschaftlichen Arbeit zu trennen. Derlei erstreckt sie sich grundlegend über die Teilwissenschaften Strafprozesswissenschaft und Strafrechtswissenschaft, die die Normen und Zielvorstellungen der Gesellschaft nutzen, um eine „Soll-Vorstellung" über Kriminalität zu ermitteln (vgl. Zerbin 2020, S.7).

Kriminelles bzw. delinquentes Verhalten setzt voraus, dass eine Person gegen geltende Gesetze verstößt und gilt in der Regel immer als abweichendes Verhalten, davon ausgenommen sind die sogenannten „Kavaliersdelikte". Sie sind kriminell, verstoßen gegen Gesetze und sind jedoch von der Gesellschaft anerkannt und somit fallen diese nicht unter das Abweichende Verhalten. Ein Beispiel dafür wäre der Versicherungsbetrug. Abweichendes Verhalten hingegen ist nicht immer kriminell, es kann sich in dem Fall auch um Devianz halten, wenn sich dabei um einen der Verstoß gegen geltende Normen einer Gesellschaft handelt. Aber auch Verstöße gegen gesellschaftliche Erwartungen sind als abweichendes Verhalten zu sehen. Diese Definitionen sind als grundlegend für die beiden kommenden Unterkapitel zu verstehen. Dabei handelt sich, um die beiden Wissenschaften Kriminologie und Kriminalistik, dessen Disziplin die Ergründung von menschlichen Fehlverhaltensweisen ist (vgl. Zerbin 2020, S.10-13).

2.1. Kriminologie

Die Kriminologie beschäftigt sich im Allgemeinen mit der Entstehung und Entwicklung von Kriminalität (vgl. Polizei Baden-Württemberg 2020, in hfpol-bw.de). Um den Leser ein grundlegendes Verständnis für Kriminologie zu gewährleisten, wird zunächst ein Zitat von Franz von Liszt, einem verstorbenen, doch berühmten Professor und Rechtswissenschaftler herbeigeführt. Es weist zunächst eine Differenzierung zwischen den persönlichen Eigenschaften und dem Umfeld eines Täters auf. „Das Verbrechen ist das Produkt aus der Eigenart des Täters im Augenblick der Tat und aus den in diesem Augenblick ihn umgebenden äußeren Verhältnissen" (von Liszt 1970, S.290). Im Fokus steht hier die Tat, welche im Zitat als Verbrechen und Produkt hervorgeht. Das darauffolgende im Zitat bezieht sich auf die Ursachen des menschlichen kriminellen Verhaltens. Primär beschäftigt sich genau damit die Kriminologie – mit den Ursachen für kriminelles Verhalten des Menschen (vgl. Berthel 2008, S. 1&2).

Dass der Mensch nicht als Krimineller zur Welt kommt, wirkt entgegen dem was einst Lombroso der italienischen Schule im 19. Jahrhundert behauptet hatte. Dieser war nämlich der Auffassung, dass es sich bei den Ursachen des kriminellen Verhaltens, um den biologischen Ursprung des Menschen handle und es sich an äußerlichen Merkmalen des Menschen festmachen lasse. Dabei thematisierte er bspw. die Form des menschlichen Kopfes oder der Nase sowie die Mimik einer Person. Diese Methode gilt heutzutage größtenteils als verpönt und falsifiziert (vgl. Kriminologie, in kriminologie-online.com). Zwar spielt die Biologie dennoch eine essentielle Rolle, jedoch handelt es sich bei den Ursachen für kriminelles Verhalten vielmehr um eine Kombination verschiedener Bezugswissenschaften, die sich i.d.R. vorwiegend über die Biologie, Psychologie und Soziologie erstrecken (vgl. Kocsis 2009, S.7). Führt man sich beispielhaft ein beliebiges kriminelles Verhalten vor Augen, kann es durch Theorien der zuvor genannten Bezugswissenschaften erklärt werden. Dabei fokussieren die Wissenschaften alle dasselbe Ziel - *kriminelles menschliches Verhalten zu erklären* -, jedoch erklären diese im Einzelnen die Ursachen eigensinnig und eigenartig, anhand dessen wissenschaftlichen Merkmalen. Um ein Verständnis dafür auf der Metaebene zu gewinnen, dient die folgende Darstellung Abbildung 2.

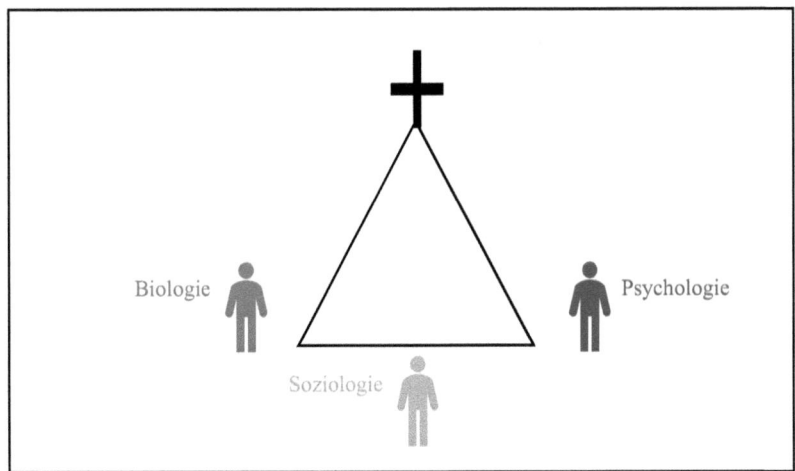

Abbildung 2. Bezugswissenschaften der Kriminologie (vgl. Zerbin 2020, S.60)

Zu erkennen sind drei Kriminologen, die dasselbe zuvor genannte Ziel vor Augen haben. Sie haben die Absicht, die Erkenntnisgewinnung in Bezug darauf wie das Kreuz auf den Gipfel kam, welches eine kriminelle Abhandlung darlegen soll, zu erklären. Dafür nutzen sie die Theorien und Methoden ihrer Bezugswissenschaft. Alle drei sehen somit dasselbe Ziel, dass das Kreuz auf dem Gipfel aufgestellt wurde, jedoch erklären sie den Weg des Kriminellen dorthin, eigenständig durch unterschiedliche Ansätze ihrer empirischen Bezugswissenschaft (vgl. Zerbin 2020, S.60).

Der Kriminalsoziologe würde bspw. damit argumentieren, dass der Täter soziologisch beeinflusst ist und dem zugrunde kriminelles Verhalten in Erwägung zieht. Man geht davon aus, dass ein Täter, der im sozialen Brennpunkt aufgewachsen ist, kriminelles Verhalten erlernet hat. Ein Beispiel für eine derartige Theorie ist die „Anomietheorie" nach Merton oder Durkheim. Hier geht man von einem „Anomischen Druck" aus, der durch fiktiv geschaffene Werte einer Gesellschaft hervorgeht und auf das Individuum einwirkt. Diese Werte könnten sich beispielsweise über den Besitz des neusten Smartphones erstrecken. Im Fall, dass das Individuum sich dieses Gerät nicht leisten kann wird es bpsw. zur in der Theorie beinhalteten „Innovation" greifen müssen, die sich in Bezug auf die Beschaffungsmaßnahmen, über kriminelle Abhandlungen erstreckt (vgl. Zwingmann 1979, S.291-313).

Der Kriminalbiologe bedient sich biologischen Merkmalen zur Erklärung von kriminellen Verhalten und geht somit davon aus, dass kriminelles Verhalten genetisch bedingt ist. Ein Beispiel dafür liefert die Studie von William Sheldon, er hält in Mitte des 20. Jahrhunderts, anhand seiner „Theory of Somatology" fest, dass Personen mit einer muskulären und sportlichen Statur (Mesomorph) häufiger zu kriminellen Verhalten neigen, als große, dünne Personen (Ektomorph) oder weiche und dicke (Endomorph). Ein weiteres Beispiel liefern biochemische Forschungen. Hier hat sich zwischen den Jahren 1980 und 1990 erstmals erheben lassen, dass ein Ungleichgewicht der Neurotransmitter (z. B. ein niedriger Serotoninspiegel) oder der Hormone (z. B. ein höherer Testosteronspiegel) zu erhöhten kriminellen Verhalten führt (vgl. Encyclopaedia Britannica 2020, in britannica.com).

2.2. Kriminalistik

Schon gleich zu Anfang, wenn man die Kriminalistik näherbeleuchtet, kann von einer Synergie, durch das Augenmerk auf beide Teilwissenschaften, ausgegangen werden. Da man davon ausgeht, dass die Kriminologie analytische Grundlagen zur erfolgreichen Vorgehensweise in der Kriminalistik liefert (vgl. Clages 2008, S.8&9). So kommt es auch zu der folgenden Denkweise „Nur wer über die Ursachen und Wirkungen von Kriminalität informiert ist, vermag diese langfristig erfolgreich zu bekämpfen und zu kontrollieren." (Clages 2008, S.9). Bereits an dieser Stelle kann man nicht nur von einer Überschneidung beider Wissenschaften ausgehen, sondern auch von einer Synergie (vgl. Clages 2008, S.9). Die Kriminalistik hingegen zur Kriminologie richtet sich darauf aus, taktische und technische Möglichkeiten bereitzustellen, um eine effiziente Aufklärung und Kriminalitätsbekämpfung im Einzelfall vollziehen zu können (vgl. Polizei Baden-Württemberg 2020, in hfpol-bw.de). Daher gehen aus der Kriminalistik Verwendungsbereiche, wie die Aufdeckung und Untersuchung von Straftaten sowie der Suche, Sicherung und Auswertung von Beweismitteln und Indizien hervor. Dies stellt besondere Herausforderungen dar und so kommt es zur Fallanalyse, in Bezug auf kriminalistisch relevante Sachverhalte. Kriminalisten geht die Methodologie, der Kriminalistik ins Unterbewusstsein über, doch auch ihnen musste dies einst beigebracht und mit Erfahrungen weiter vertieft werden, um zu verstehen welche Aspekte für die Fallanalyse und Fallaufklärung bedeutsam sind. Dreh- Angelpunkt dabei ist eine Straftat sowie dessen Täterschaft und Nachweisbarkeit. Um dabei alle relevanten Aspekte zu beachten, ist es sehr wichtig eine systematische Vorgehensweise zu pflegen. Davon gilt es zahlreiche Methoden die sich als nützlich erwiesen haben. Fortlaufend wird die Wabenanalyse von Thomas E. Gundlach, Professor der Akademie Polizei Hamburg, als Beispiel herbeigeführt. Zum Vorschein wird hier ein Modell gebracht, welches eine klare Struktur durch Einheitlichkeit, Symmetrie, sich wiederholender Form und farblicher Trennung aufbringt (basierend auf sieben Waben (Form und farbliche Trennung) mit jeweils sechs Vertiefungen (einfarbig markant)). Die Wabenanalyse orientiert sich an den Inhalten von bereits validen kriminalistischen Mitteln. Dem zur Folge soll das Lernen der Inhalte erleichtert werden, entscheidende Analysefelder nicht in Vergessenheit geraten, Angemessene Bearbeitung und die Wahl der richtigen Maßnahmen zur Vorgehensweise garantiert. Übergreifend sollen die Themen Verdachtslage, Allgemeine Beurteilung, Tatsituation, Fahndungssituation und die Beweissituation abschließend mit der Ermittlungskonzeption bearbeitet werden. Eingehend wird jedes dieser Themen nochmal vereinzelnd in untergeordneten Waben behandelt. Im Einzelfall gilt es die Analyse individuell anzupassen und in Bezug auf die Tatumstände, wie z.B. die verstrichene Zeit bzgl. des Tathergangs, zu bringen. Ein guter Kriminalist ist demnach innovativ und kreativ bei seiner Erkennung und Aufklärung von Straftaten. Die Wabenanalyse ist dabei als das Hilfsinstrument der Theorie, um über vollständige Informationen zur chronologischen Fallanalyse zu verfügen sowie die damit verbundenen Maßnahmen, die die Beweislast vor Gericht valide gestalten (vgl. Artkämper 2013, S.187-227).

2.3. Abgrenzungen und Überschneidungen

Generell können die beide Wissenschaften Kriminologie und Kriminalistik als Hilfswissenschaft der jeweils anderen gesehen werden (vgl. Springer Gabler 2020, in wirtschaftslexikon.gabler.de). Dennoch werden die beiden Teilwissenschaften der nicht juristischen Kriminalwissenschaft häufig miteinander verwechselt oder einander gleichgesetzt. Die beiden Teilwissenschaften fokussieren zwei unterschiedliche Themengebiete, jedoch mit demselben Ziel kriminelle Handlungen darzulegen. Demnach findet die Kriminologie ihre Anwendung bei der Ursachenforschung krimineller Handlungen und die Kriminalistik hingegen bei der Aufklärung krimineller Handlungen (vgl. ZKPF 2020, in zentrum-fuer-kriminologie-polizeiforschung.de). Folglich könnte davon ausgegangen werden, dass es sich um zwei voneinander unabhängige Tätigkeitsbereiche handelt, da dessen Themengebiete separat gelehrt werden. Jedoch korrelieren beide in Hinsicht auf die Zielsetzung. Beide haben die Absicht kriminelles Verhalten zu ergründen. Die folgende Abbildung 3. stellt das beschriebene dar.

Ein Beispiel für die Überschneidung ist die Polizeiliche Kriminalstatistik (PKS). Sie wird als kriminologisches Forschungsgebiet angesehen, da hier anhand von empirisch erhobenen Daten, Aussagen über Strukturen, Zusammenhänge, Bewegungstendenzen sowie Analysen in Bezug auf die Kriminalität getätigt werden können. Dessen Zielsetzung, jedoch unter anderem die präventive und repressive Verbrechensbekämpfung ist. Letzteres ist wie zuvor beschrieben wurde, die Aufgabe der Kriminalistik (vgl. Balschmiter 2017, S.10-12). Damit ist davon auszugehen, dass die Kriminalstatistik eine Überscheindung der beiden Teilbereiche ist und hierauswohl möglich ein Synergieeffekt entsteht. Verwertet sollte das Ganze in der vorausschauenden Polizeiarbeit, doch hierzu folgt im kommenden Kapitel mehr.

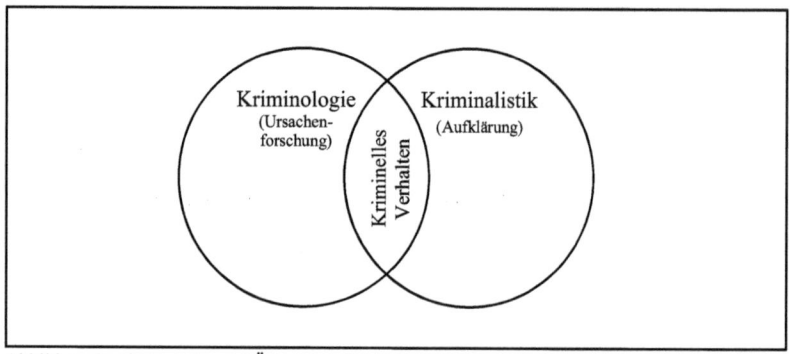

Abbildung 3. Abgrenzung und Überschneidungen der nichtjuristischen Kriminalwissenschaften

Da beide Teilwissenschaften dasselbe Ziel verfolgen und als Hilfswissenschaft einander zur Verfügung stehen, stehen den Teilwissenschaften auch mit hoher Wahrscheinlichkeit Theorien und Methoden zur Verfügung, wie die PKS, die der jeweils anderen Teilwissenschaft nützlich werden könnte. An dieser Stelle wird sich die Frage gestellt, wie die Wissenschaften zueinander finden und ob dadurch Synergieeffekte entstehen. Im kommenden Kapitel 3. Synergieeffekte wird genau dies thematisiert. Um eine wertende Position bzgl. der Antithese: *Aus dem Zusammenwirken der Kriminologie und der Kriminalistik entstehen Synergieeffekte in Theorie und Praxis* wiedergeben zu können.

In der Literatur und Lehrveranstaltungen werden die beiden Wissenschaften Kriminologie und Kriminalistik separat voneinander geführt und legen vorwiegend eigenständige Wissenschaften dar. Dies allerdings bedeutet nicht, das wie aus der These: *Die Kriminologie ist von der Kriminalistik strikt abzugrenzen!* zu entnehmen ist, dass diese strikt voneinander abzugrenzen sind. Es ist nämlich vielmehr so, dass die Wissenschaften einander gegenüber als Hilfswissenschaften dienen oder gar unabdingbare Zusammenkunft. Vor allem, weil sie in der Regel dasselbe Ziel verfolgen, kann davon ausgegangen werden, dass das Zusammenführen der beiden Teilwissenschaften zu Synergieeffekten führt. Andernfalls würde die hierarchische Aufteilung, wie sie aus der Abbildung 3. zu entnehmen ist, wenig Sinn ergeben. Da man Kriminologie und Kriminalistik in sinne der nichtjuristischen Kriminalwissenschaft zusammenführt.

3. Synergieeffekte

Als Synergieeffekt ist hier eine positive Auswirkung zu verstehen, die sich aus dem Zusammenschluss oder der Zusammenarbeit von Kriminologie und Kriminalistik ergibt. Darunter fällt bspw. die Steigerung der Qualität oder des Knowhows sowie die Möglichkeit zu einer neuen Entwicklung. Im Kapitel zuvor wurden die Charakteristiken der nichtjuristischen Kriminalwissenschaft erläutert. Dabei ist man auch auf die Abgrenzungen und die Überschneidungen der beiden Teilbereiche Kriminologie und Kriminalistik eingegangen. Da sich feststellen lassen hat, dass es eine konkrete Überschneidung der beiden Teilbereiche gibt, wird hier an dieser Stelle weiter nach Synergieeffekten gesucht. Die Absicht dabei ist es Theorien, Methoden und Praktiken zu finden, die dem anderen Teilbereich positiv bei wirken, was letztendlich dann als Synergieeffekt zu verstehen ist und zur Beantwortung der Leitfrage beiträgt.

Die Hochschule für Polizei möchte Synergieeffekte innerhalb der Kriminalwissenschaften, durch die heterogene Zusammensetzung der Lehrveranstaltungen Kriminologie und Kriminalistik generieren. So soll ein erheblicher Beitrag durch die Vielfalt, der an der Hochschule eingesetzten Lehrmethoden entstehen. Dazu gehören neben den Vorlesungen, Gruppen- und Projektarbeiten sowie gemeinsame Seminare (vgl. ZKPF 2020, in zentrum-fuer-kriminologie-polizeiforschung.de). Hieraus lassen sich zwei Voraussetzungen für Synergieeffekte zwischen der Kriminologie und Kriminalistik festlegen. Zum einen wäre es die heterogene Zusammensetzung der Lehrveranstaltungen, die aus der jeweiligen Wissenschaft hervorgeht und zum anderen gehöre der Einsatz dieser Wissenschaften innerhalb von Lehrmethoden, die das Zusammenkommen dieses Wissens voraussetzen dazu. Demnach müsse erst eine Zusammenarbeit der beiden thematisierten Teilbereiche erfolgen, durch Personen die Erfahrungswissen zu ihrer Wissenschaft aufweisen, damit ein Synergieeffekt entstehen kann. Hier greifen die Meinungen mehrerer Kriminaldirektoren, die in einem Lehr- und Studienbrief der Verlag Deutsche Polizeiliteratur GmbH zusammengeführt worden sind. Sie sind der Ansicht, dass kriminologische und kriminalistische Aspekte sich nicht mehr sinnvoll voneinander trennen lassen und bezeichnen es als unabweisbar. Daher haben sie integratives Konzept geschaffen, welches von Kriminalisten und Kriminologen gemeinsam umgesetzt werden soll, um die Kriminalitätsbekämpfung aufnehmen zu können. Im Hintergrund hierzu stehen analytische Vorgehensweisen der Kriminologie und die kriminalistische Praxis, ferner ist man hier der Auffassung, dass erst wenn die Ursachen, bspw. die Täter- und Opferstrukturen, für ein kriminelles Verhalten beleuchtet wurden, können effiziente Präventions- und Repressionsmaßnahmen sowie die nachhaltige Strategieentwicklung vorgenommen werden (vgl. Clages 2020, S.3). Dabei ist zu berücksichtigen, dass Kriminalitätsphänomene einem ständigen Wandel unterliegen, wie aus einem Pressebericht der Polizeiakademie Niedersachsen hervorgeht. Der Autor weißt hier daraufhin, dass die Kriminalität immer komplexer und dynamischer erscheint. So kommt es dazu, dass Täter vermehrt die Möglichkeiten der Digitalisierung und die der virtuellen Welt nutzen. Beispielweise profitiert der internationale Terrorismus und die Clankriminalität auf diesem Wege. Damit stehen die Ermittler stets vor neuen Anforderungen. Um diesen Anforderungen gerecht zu werden hat die Polizei Akademie Niedersachen aus dem zusammengeführten Bereich Kriminalistik/ Kriminologie ein integratives Konzept erstellt, ähnlich wie es die Kriminaldirektoren in ihrem Lehr- und Studienbrief vorgesehen haben. Dabei hat man die Teilbereiche der nichtjuristischen Kriminalwissenschaft zusammengeführt, Personen mit der entsprechenden Berufserfahrung zur Problemlösung aufgenommen und letztendlich zusammengeführt, mit dem vorwiegenden Ziel ein Synergieeffekt zu generieren, der sich wiederum über die hohe Qualität der Ermittlungskompetenz erstreckt, in den Themengebieten Digitalisierung und Cybercrime (vgl. Polizeiakademie Niedersachsen 2019, in presseportal.de). Eine Synergie entsteht dann, wenn die Themen der Kriminologie dazu führen, dass ein Nutzen in der Kriminalistik generiert werden kann. Beispielsweise können kriminalgeographische Auswertungen dazu genutzt werden, die Tätermobilität zur Kriminalitätsbekämpfung ersichtlich zu machen. So können die nächsten Tatorte einer Tätergruppe im Vorfeld lokalisiert werden. Belegt wird dies im kommenden Unterkapitel anhand der Auswirkungen, die durch den Einsatz von Künstlicher Intelligenz entstehen. Das beste Beispiel für eine derartige KI und das zuletzt geschilderte Prinzip, ist die vorrausschauenden Polizeiarbeit/ Predictive Policing.

3.1. Künstliche Intelligenz (KI/AI)

Zuvor hat sich ergeben, dass durch das Zusammenkommen der Kriminologie und Kriminalistik ein Synergieeffekt vor allem bei der konzeptionellen Ausarbeitung und Ausführung von Lehrinhalten entsteht. Die hohe Ermittlungskompetenz, die dabei entsteht, soll ihre Wirkung in Rahmen der Digitalisierung und Cybercrime entfalten. Im digitalen Zeitalter hat Künstliche Intelligenz auch für die Polizei im Rahmen der Kriminalitätsbekämpfung eine zunehmende Bedeutung erlangt. Der digitale Wandel hält sämtliche Lebensbereiche unserer Gesellschaft inne. Hinzukommt die Tatsache, dass die Digitalisierung zur Veränderung der gewohnten Abläufe führt, so kommt es dazu, dass die Arbeit der Polizei und die der Sicherheitsbehörden weltweit angepasst werden muss (vgl. BKA-Herbsttagung 2018, in bka.de). Dem könnte ein automatisiertes Ermittlungssystem entgegenwirken.

Der Begriff Künstliche Intelligenz würde 1956 von John McCarthy erfunden, einem mehrfach renommierten Logiker, Informatiker und Autoren. Dieser war der Meinung, KI ist „the science and engineering of making intelligent machines, especially intelligent computer programs. It is related to the similar task of using computers to understand human intelligence, but AI does not have to confine itself to methods that are biologically observable." (vgl. Kerstin 2019, S.9). Im ersten Satz des Zitats definiert er die Wissenschaft, die der KI zugehörig ist. Hier trifft er die Aussage, dass KI die Wissenschaft und Technik zur Herstellung von intelligenten Maschinen und insbesondere intelligenter Computerprogramme ist. Im zweiten Satz ist er der Meinung, dass die Verwendung von Computer in Hinblick auf die KI dazu dient, um die menschliche Intelligenz zu verstehen und die Methoden der KI sich nicht durch biologisch beobachtbare Tätigkeiten beschränken lässt. Da hier das Verständnis der menschlichen Intelligenz thematisiert wird, wird im folgenden Unterkapitel die Kriminalpsychologie in Bezug auf die KI aufgeführt.

3.1.1. Kriminalpsychologie

Die Kriminalpsychologie findet ihre Bedeutung unteranderem beim Criminal Profiling, auch Täterprofilerstellung. Der Fokus liegt hier bei der Ermittlung und Prävention von noch unbekannten Tätern. Durch die Rekonstruktion des Tatverhaltens eines Delinquenten, sollen sämtliche Informationen über diesen erhoben werden, um detaillierte Aussagen über den Täter treffen zu können. Zu den Details gehören Merkmale über die Persönlichkeit, Verhaltensauffälligkeiten und Lebensumstände. Da man zu der kriminalistischen Analyse der Tatortspuren (Rekonstruktion des Tatverhalten), das Umfeld des Täters beleuchtet, was Aspekte aus der Kriminologie aufweist, kann man davon ausgehen, dass das Criminal Profiling ein Synergieeffekt ist, der aus dem Zusammenkommen von Kriminalistik und Kriminologie entsteht (vgl. Maier 2014, S.3-5). Die zuvor geschilderten Aspekte finden ebenfalls bei der Strafzumessung ihre Bedeutung. Das Strafgericht bedient sich der Kriminalpsychologie und somit an forensischen Psychiatern und Psychologen als Sachverständige, um Fragen in Bezug auf die Strafzumessung und Rückfälligkeit im Fall der psychischen Störung zu beantworten (vgl. Kocsis 2009, S.5). Allein aus dem Inhaltsverzeichnis des Buches „Applied Criminal Psychology – A Guide to Forensic Behaviorial Sciences" geht hervor, dass sich die psychischen Störungen klassifizieren lassen. Letztendlich werden mittlerweile auch KI zur Strafzumessung eingesetzt. Dies soll über einen Algorithmus und die dazugehörige Software geschehen (vgl. Kersting 2019, S.38).

Laut Prof. Dr. Karsten Wendland, Karlsruhe Institute of Technology, ist es aktuell noch nicht klar, ob KI ein eignes Bewusstsein entwickelt oder in jener Form erwacht. Jedoch ist man sicher, dass KI unseren Alltag prägt und gestaltet. Diesbezüglich wurde der ein hoher Regulationsbedarf festgestellt, um KI vertrauenswürdig und sicher zu gestalten wurden im Mai 2019 globale Normen erlassen (vgl. DWIH Moskau, in dwih-moskau.org/de/event/ai-bekoming-human/). In Hinsicht auf den Bewusstseinszustand von KI, zeigen sich dennoch einige in Entwicklungen. Ein künstlerisches Duo des deutsch-russische Wissenschaftsforum „Apparatus Sapiens – AI Becoming Human?" hat eine Technologie entwickelt, die anhand von Sensoren die Gesichtsausdrück des Menschen auslesen und in einer Grafik wiedergeben kann. Damit verbunden sind emotionale Zustände, wie Freude, Überraschung, Angst und Ärger (vgl. DWIH Moskau, in dwih-moskau.org). Interessant wird dies in Bezug auf die Sicherheit, wenn es bspw. in Verbindung mit der Tätererregungskurve gebracht werden kann (vgl. Merkel 2016, S.7&8), um Entscheidungen über mögliche Attentäter fällen zu können und diese primär im Vorfeld auskundschaften zu können (vgl. DWIH Moskau, in dwih-moskau.org/de/event/ai-bekoming-human/).

Tatsächlich kann KI die menschlichen Entscheidungen vielseitig sinnvoll ergänzen. Vor allem in der Hinsicht, dass Menschen subjektive Einschätzungen tätigen und bei einer komplexen Sachlage nicht über die zeitlichen und kognitiven Kapazitäten verfügen, ist der Einsatz einer KI eine sinnvolle Ergänzung (vgl. Knobloch 2018, S.3). Die Verwendung von KI erstreckt sich aktuell über Algorithmen, die das Lernen, Denken, Planen, Sehen, Handeln sowie das Lesen durch eine Maschine gewährleisten (vgl. Kerstin 2019, S.13). Diese mathematischen Möglichkeiten, lassen Verwendungsbereiche zur Kriminalprävention zu. Laut der Abbildung 4. verwendet die Polizei KIs im Bereich der Videoüberwachung, der Cyberkriminalität und der vorrauschauenden Polizeiarbeit/ Predictive Policing.

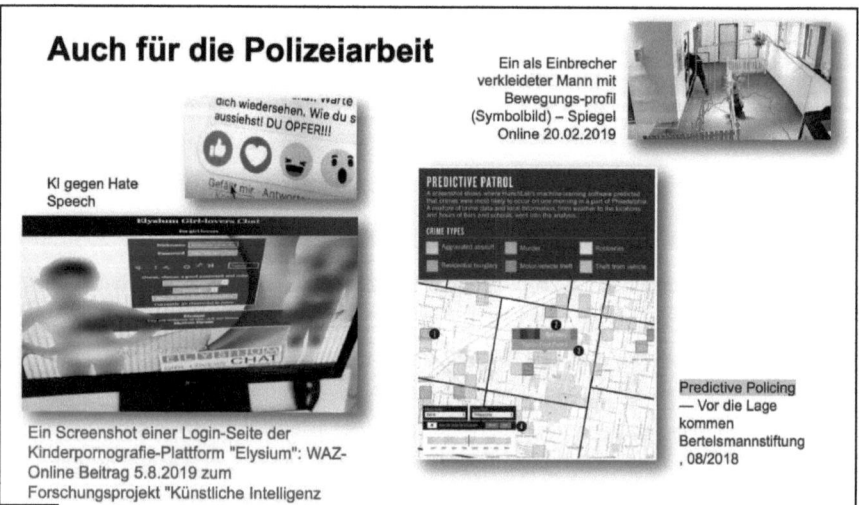

Abbildung 4. Auch für die Polizeiarbeit (Kersting 2019, S.35)

Predictive Policing ist eine Software, die als vorrauschauende Polizeiarbeit gilt und bei der Ermittlung von Straftaten ihre Verwendung findet. Der Fokus hier, liegt bei der Berechnung von Gefahrenzonen sowie der Wahrscheinlichkeit einer bevorstehenden Straftat durch Algorithmen. In Deutschland wird die Software in der Regel in städtischen Gebieten eingesetzt, um Wohnungs- und Gewerbeeinbrüche oder den KFZ-Diebstahl zu identifizieren. Aktuell ergibt sich aus wissenschaftlichen Begleitevaluationen, dass der Einsatz dieser Software für die öffentliche Hand schwer zu rechtfertigen ist. Zum einen, weil sich eine positive Auswirkung auf die Polizeiarbeit nur vermuten lässt und zum anderen, weil das System der Software dem Anwender erschwert den Erfolg der eigenen Arbeit zu ersehen, was wiederrum zur Frustration führen könnte. Daher sollte das Predictive Policing vielmehr als technisches Hilfsmittel zur kriminalistischen Ermittlung betrachtet werden. Dennoch liefert die Software aufbereitete Daten zum kriminalistischen Ermittlungserfolg und kriminalgeographische Aspekte sowie Vorteile, in Form von Lagebildern, die das Erstellen eines abgestimmten Einsatzplans ermöglicht (vgl. Knobloch 2018, S.5&6).

Der Einsatz von KI findet ebenfalls im Bereich der Cyber-Kriminalität seine Bedeutung (siehe Abbildung 4). Hier wird KI unteranderem dazu eingesetzt, um Kinderpornographie, anhand der Bilderkennung, zu ermitteln (vgl. Kämpfer 2019, in bka.de). Zudem sorgen automatisierte Verfahren, in Form von KI für die Erkennung von Hass-Äußerungen und Volksverhetzung. Texte geraten in den Fokus aufgrund einzelner Schlagwörter oder Wortformen. Hinzukommen kommen Gewichtungsverfahren sowie das Maschine Learning, was auf dem zuvor Beschriebenen aufbaut (vgl. Mandl 2020, in degruyter.com)

Ein besonders gutes Beispiel für ein Videoüberwachungssystem ist das der privaten BOSCH Stiftung. Die verwendeten KI ist nicht nur in der Lage Objekte logisch voneinander zu trennen, zu klassifizieren oder wiederzuerkennen, sondern kann auch menschliche Posen und Aktionen zu analysieren und über die Sprache anzusteuern. Wiedererkennungsmethoden kommen auch in biometrischen Identifizierungssystemen zum Tenor. Ein biometrischen Identifi-zierungssystem weißt Komponenten in der Hard- und Software auf, die zur biometri-schen Identifikation oder Verifikation genutzt wird. Diese Systeme arbeiten auf der Grundlage biometrischen Verfahren, die wiederum auf mathematischen Beschreibun-gen und Vermessungen der Biologie basieren. Hier kommt die Wissenschaft der Bio-metrie zum Einsatz, mit dem Ziel zur automatisierten Erkennung eins lebenden Indivi-duums in Echtzeit (vgl. BSI 2020, in bsi.bund.de). Die zuvor geschilderten Systeme, aus Hard- und Software Komponenten könnten ebenfalls zur automatisierten Ermitt-lung beitragen. Möglicherweise könnten in Zukunft daraus Systeme entwickelt werden, die selbstständig potentielle Täter ermittelt und anzeigt, noch bevor eine Tat begangen werden kann. Der Anwender könnte vor Gefahren, die vom Täter ausgehen gewarnt werden, um im nächsten Schritt den Kriminellen in Flagranti festnehmen zu können. Derartige Systeme könnten zusätzlich Soziogramme bzgl. der Klan-Kriminalität, über biometrische Identifizierungssysteme erstellen. Dabei sollte nicht nur die Auswertungen des Namens und der Herkunft zutragen kommen, sondern auch die Vermessungen der äußerlichen biologischen Merkmale eines Menschen oder gar die der DNA.

3.1.2. Artificial Intelligence Crime (AIC)

AIC könnte in der Zukunft eine zunehmend wichtigere Rolle in Bezug auf kriminelle Handlungen einnehmen. Man sprich in der Wissenschaft von einer neuen Ära der Kriminalität, jedoch ist AIC momentan noch nicht als eigenständiges Kriminalitätsphänomen anerkannt. Aus der Literatur ist zu entnehmen, dass der Fokus bei AIC aktuell auf der Regulierung und Kontrolle von ziviler Nutzung liegt. Es handle sich dabei, um KIs die sich selbständig weiterbilden können (Maschine Learning) oder eigenständig neue KI erschaffen können, die wiederum das Ziel haben kriminelle Handlungen zu tätigen. Derartige Befunde gehen aus wissenschaftlichen Forschungsexperimenten hervor. Computer-Sozialwissenschaftler haben in einem Experiment eine KI entworfen, die eigenständig Informationen und Verhaltensweisen über eine Person in öffentlichen Social-Media-Netzwerken sucht und daraufhin mit Hilfe des Maschine Learnings, einen auf die Person angepassten Phishing-Link massenhaft generiert und versendet, um an persönliche Daten zu gelangen, die für den Diebstahl oder Betrug genutzt werden können. Solche Vorfälle sind in Realität bereits aufgetreten. Denn die Entwickler von Chat

Bots machen sich dieses Prinzip zu Nutzen. Chat Bots können differenziert aufgefasst werden. Es gibt gutartige Chat Bots, die bspw. automatisierte Social Media tätigen. Doch wie im Experiment zuvor erforscht wurde, können bösartige Chat Bots hingegen dazu verwendet werden, um bspw. massenhaft Links zu schadhaften Internetseiten zu versenden (vgl BSI 2020, in bsi-fuer-buerger.de). Zudem haben drei Informatiker ein Experiment in Bezug auf den Handel geführt. Sie simulierten einen Markt und fanden heraus, dass es Handelsvertretern dank einer Reihe betrügerischer Fehlbefehle, möglich war profitable Marktmanipulationskampagnen zu lernen und durchzuführen. Diese beiden Experimente sind der Nachweis für eine realisierbare und grundlegend neuartige Bedrohung durch KI, in Form von AIC (vgl. King 2019, S.89&90). Aktuell ist AIC das beste Beispiel für den Wandel von Kriminalitätsphänomenen und stellt damit eine neue Herausforderung an die Gesellschaft und Behörden dar.

Da nur der Einsatz von KI die krimiwissenschaftlich relevanten Verwendungsbereiche ermöglicht und die hohe Ermittlungskompetenz, die aus dem Zusammenkommen von Kriminologen und Kriminalisten unter der Nutzung von KI entsteht sowie deren Auswirkungen, die im Rahmen der Digitalisierung entstehen, kann davon ausgegangen werden, dass diese Verwendungsbereiche das direkte Ergebnis der Synergieeffekte sind. Damit verbunden sind die neuen Anforderungen an die Wissenschaften, die erst durch den Einsatz von KI in den Verwendungsbereichen entstehen. Wenn es möglich wäre hier die Kriminalpsychologie, in Form von verbesserten Algorithmen zzgl. der Basis über Hard- und Softwarekomponenten einzubinden, sollte es zu einem Produkt kommen, welches nicht nur die Defizite ausmerzt, die auf subjektiven Beurteilungsfehlern des Menschen beruhen, sondern auch höchstwahrscheinlich die Ermittlungsarbeit automatisieren könnte. Kriminologen und Kriminalisten sollten hierzu Berater, wie die Mitarbeiter von Bosch aus der privaten Wirtschaft hinzuziehen, um mehr Qualität und Effizienz zu erlangen.

Offen bleibt dennoch die Handhabung, die aus dem Einsatz von KI entsteht und sich in der AIC äußert. Im Ausblick folgt hierzu auf der Grundlage der Erkenntnisse, die im Rahmen dieser Arbeit erhoben wurden, ein heuristischer Lösungsansatz.

4. Fazit

Wie mehrfach in dieser Arbeit erwähnt wurde, ist zu berücksichtigen, dass Kriminalitätsphänomene dem ständigen Wandel unterliegen. Dem zur Folge wird es mit hoher Wahrscheinlichkeit zu einer Form von Kriminalität durch KI kommen. AIC ist dafür das aktuellste Beispiel. Erklären lässt sich dieses kriminelle Verhalten, anhand der kriminologischen Anomie Theorie von Merton/ Durkheim, da diese technologischen Fortschritte immer noch aus der Motivation des Menschen hervorgehen und somit das Resultat daraus darlegen. Solange der Mensch unter diesem gesellschaftlichen Druck lebt, sich Werte aneignen zu müssen und so im Konkurrenzverhältnis steht, wird er sich unteranderem der Innovation bedienen, die sich wiederum im kriminellen Verhalten äußert, um dem gesellschaftlichen Druckverhältnis entgegen zu wirken.

4.1. Zusammenfassung und Evaluation der Ergebnisse

Im Rahmen der Ausarbeitung zu dieser Arbeit hat sich herausgestellt, dass die Teilwissenschaft Kriminologie und Kriminalistik, der nichtjuristischen Kriminalwissenschaften, in der Literatur und an Bildungseinrichtungen separat voneinander geführt werden. Jedoch werden die Teilwissenschaften einander gegenüber als Hilfswissenschaften gesehen und werden an den Bildungseinrichtungen gezielt zusammengeführt, um Synergieeffekte hervorzurufen. So kann behauptet werden, dass Kriminologie und Kriminalistik in der Theorie voneinander zu trennen sind. Vor allem, weil sie in der Vergangenheit oft miteinander verwechselt wurden, jedoch in der Praxis zwingend notwendig zusammengeführt werden, um den ständigen Wandel der Kriminalitätsphänomene nachgehen zu können, wie zuvor geschildert wurde. Dies weißt keine strikte Trennung der Teilwissenschaften auf, sondern viel mehr ein notwendiges und unabdingbares Zusammenkommen, um das gemeinsame Ziel kriminelles Verhalten unter den neuen Phänomenen der Kriminalität regulieren und kontrollieren zu können. Fundmentale Veränderungen bzgl. der Abgrenzung von Kriminologie und Kriminalistik finden so an den Polizeihochschulen statt. Daher gilt an dieser Stelle die These: *Die Kriminologie ist von der Kriminalistik strikt abzugrenzen!* als falsifiziert.

Mit der Falsifikation der These und der zuletzt aufgeführten Erkenntnis, dass an den Polizeihochschulen Fachleute aus dem Bereich Kriminologie und Kriminalistik gezielt zusammengeführt werden, um effiziente Präventions- und Repressionsmaßnahmen sowie nachhaltige Strategieentwicklungen zur Kriminalitätsbekämpfung wahrnehmen zu können, ist ein der Hinweis auf eine Synergie der beiden Teilwissenschaften gegeben. Dies allein verifiziert die Antithese: Antithese: *Aus dem Zusammenwirken der Kriminologie und der Kriminalistik entstehen Synergieeffekte in Theorie und Praxis.* Vor allem aber, weil die Kriminaldirektoren es für sinnlos erachten die Teilwissenschaften im Bereich der Projektarbeiten und Seminare zu trennen und viel mehr als Notwendigkeit sehen. Entsteht demnach ein Synergieeffekt in Anbetracht auf die Theorie, in Form der akademischen Ausbildung, die wiederum zu Synergieeffekten in der Praxis führen soll. Vorwiegendes Ziel dabei ist es einen Synergieeffekt zu generieren, der sich wiederum über die hohe Qualität der Ermittlungskompetenz, in den Themengebieten Digitalisierung und Cybercrime erstreckt. Die folgenden Beispiele der Polizeiarbeit sind demnach das direkte Ergebnis der Synergien. Criminal Profiling, Predictive Policing und damit kriminalgeographische Aspekte, Videoüberwachungssysteme sowie KI im Kampf gegen Hassreden und Kinderpornografie. Möglicherweise könnte die Polizeiarbeit durch diese Synergieeffekte irgendwann automatisiert werden. Ein mögliches Konstrukt dafür wird im kommenden Unterkapitel im Sinne der Zielsetzung gegeben.

In der Gänze kommt es durch die Falsifikation der These und Verifikation der Antithese dazu, dass die Leitfrage *kann die Kriminologie von der Kriminalistik abgrenzt werden und ergeben sich Synergieeffekte aus der Zusammenwirkung beider nichtjuristischen Teilbereiche?* wie folgt zu beantworten ist. Ja, die Kriminologie kann von der Kriminalistik abgegrenzt werden, weil es aus der Theorie so hervorgeht. Jedoch sollte dies nicht strikt geschehen, wie es die These hergibt, da sich wiederum vorwiegend in der Praxis, aus der Zusammenwirkung beider Teilwissenschaften, zahlreiche Synergieeffekte ergeben.

4.2. Ausblick

Aus dieser Arbeit ist zu entnehmen, dass zu Zeiten der Digitalisierung eine hohe Ermittlungskompetenz notwendig ist, damit die Kriminalitätskontrolle und /-Bekämpfung aufgenommen werden kann. Hierfür gilt es bei der Polizei unteranderem, Personen auszubilden, um schon innerhalb der Studienzeit Synergieeffekte zu generieren. Bekannt ist das die Privatwirtschaft schneller voranschreitet, weshalb bspw. der Studiengang Sicherheitsmanagement B.A. von der Polizei hierher abgegeben wurde. Man erhofft sich derartig zu neuen Erkenntnissen zu gelangen, um u.a. die Kriminalitätskontrolle/- Bekämpfung adäquat aufnehmen zu können (vgl. Kestermann 2006, S.2). In Hinsicht darauf, dass die digitale Welt sehr schnell voranschreitet und große Sprünge macht, kann davon ausgegangen werden, dass in Zukunft vermehrt externe Berater und Privatpersonen bzgl. der nationalen Sicherheit gefordert sind.

Die BOSCH Videoüberwachungstechnik könnte die Basis für eine neuartige und ausgeprägte Verkehrsüberwachung, in Form automatisiertes Ermittlungssystem darstellen, die in der Lage ist, neue Erkenntnisse zu erlernen und zu verwerten. Weitere Einflussgrößen, wie die aufbereiteten Daten des Predective Policing, zum kriminalistischen Ermittlungserfolg und kriminalgeographische Aspekte sowie Vorteile, in Form von Lagebildern, die das Erstellen eines abgestimmten Einsatzplans ermöglichen, Erkenntnisse aus der Kriminalpsychologie, in Form von technischer Entscheidungsfindung in der Strafzumessung, Themen wie Criminal Profiling und die biometrische Auswertung, wären weitere synergetische Komponenten für ein automatisiertes Ermittlungssystem. Man könnte es sich ähnlich wie die Videoanalyse eines professionellen Fußballspiels vorstellen. Den Anwendern und Schiedsrichtern werden u.a. durch die Taktik- und Bewegungsanalyse zur Entscheidungsfindung bei einem Foul, Aus und verbotenem Ballkontaktspiel verholfen. Diese Analysen verhelfen auch zur Anzeige von typischen Laufwegen und Geschwindigkeiten der Spieler sowie signifikanten Wiederholungen und Positionsdarstellungen (vgl. Tuma 2017, S.182-186). Abgesehen von dem zuletzt beschriebenen Beispiel auf der Metaebene, ist Clearview AI das Vorbild für ein Unternehmen, dass sich genau mit dieser Art von technologischer Entwicklung beschäftigt und ganze Staaten damit beliefert (vgl. Clearview AI, in clearview.ai).

So erfolgserzielend eine derartige Gesamtsynergie aller zuvor ergründeten Themen, auch sein mag, in Anbetracht das der Mensch subjektive Einschätzungen tätigt und bei einer komplexen Sachlage nicht über die zeitlichen und kognitiven Kapazitäten verfügen, warnt der Experte Edward Snowden vor der Einfuhr derartiger Überwachungsmaßnahmen. Sei es bspw. im Sinne der Gesamtbevölkerung, in Bezug auf die aktuelle Corona-Pandemie, die eine nationale Gefahr aller darstellt, zur Kontrolle und Überwachung der mit dem Coronavirus infizierten Menschen, wäre es nur sehr schwer einst eingeführte Technologie wieder aus dem Rechtsraum zu entfernen. In der Gänze stellt dies seiner Meinung nach, eine Bedrohung für die persönliche Freiheit dar (vgl. t3n 2020, in t3n.de). Vor allem Chinas Überwachungssystem soll nicht nur die persönliche Freiheit eingrenzen, sondern sogar Menschenrechtsverletzend sein, das integrierte Bonitätssystem (Social Scoring) wirkt dem theoretischen Ursprung nach Merton/ Durkheim für kriminelles Verhalten zu. Es verpflichtet die dortige Gesellschaft sich in ein Konkurrenzverhältnis zu begeben und sich dem Punktesystem anzupassen, weil die Bevölkerung sonst um ihre Zukunft bangen muss. Wer sich bspw. in Sozialen Medien negativ gegen einen Politiker äußert, bekommt Punkte abgezogen und kann damit nur noch schwer einen Arbeitsplatz finden. Dies gilt schon für das Überqueren einer Straße bei einem Rotlichtsignal. Im Fall eines negativen Social Scores geht es sogar so weit, dass man den Leuten in China den Kauf eines Zug- oder Flugtickets verwehrt (vgl. NBC News, 0:00-2:33). Derartige Ereignisse bringen die Menschen zur Innovation und somit dazu das System zu untergraben. So ergaunerte sich ein Polizeibeamter umgerechnet 5,7 Million Euro (vgl. Erling 2019, in welt.de). Wird zu dem Ganzen noch das Maschine Learning (ML) hinzugezogen, ist dies wohl als Unabdingbarkeit zu prognostizieren, denn Maschinen sind damit in der Lage sich selbst etwas beizubringen und eingehend auch kriminelles Verhalten. Dementsprechend sollten Wissenschaften auf kriminalpräventiver Ebene geschaffen werden, bis hin zu Wissenschaften für Maschinen, die dem ML der Kriminalität durch autonome Maschinen entgegenwirken und dem so als Antagonist gegenüberstehen. Dies wiederum sollte eine Wirkung in den juristischen Kriminalwissenschaft haben, damit vorzeitig Gesetze zur Eindämmung erlassen werden können. Dem zu Grunde kann eine Synergie der gesamten Kriminalwissenschaft vorliegen.

Quellen- und Literaturverzeichnis

Monografien

Artkämper, Heiko, Clages, Horst (2013): *Kriminalistik gestern – heute – morgen*, Stuttgart.

Balschmiter, Peter (2017): *Eine Untersuchung zum Dunkelfeld der Kriminalität in Mecklenburg- Vorpommern*, Greifswald.

Berthel, Mentzel, Schröder, Spang (2008): *Grundlagen der Kriminalistik/ Kriminologie, 3. Auflage*, Hilden/ Rhld.

Clages, Horst, Neidhardt, Klaus (2008*): Lehr- und Studienbriefe Kriminalistik/ Kriminologie, Band 2*, Hilden.

Frings, Christoph, Rabe, Frank (2016): *Grundlagen der Kriminaltechnik I, 2. Auflage*, Hilden/Rhld.

Glasze, Georg, Pütz, Robert, Rolfes, Manfred (2005): *Diskurs - Stadt – Kriminalität - Städtische (Un-)Sicherheiten aus der Perspektive von Stadtforschung und Kritischer Kriminalgeographie*, Wetzlar.

Kersting, Kristian (2019): *Künstliche Intelligenz in der Polizeiarbeit*, Darmstadt

Kestermann, Claudia, Tetzlaff, Ulrich (2006): *Studiengang Risiko- und Sicherheitsmanagement - Bedarfsanalyse, Berufsbild& Modulentwicklung*, Bremen.

King, Thomas C., Aggarwal, Nikita, Tadeo, Mariarosaria, Floridi, Luciano (2019*): Science and Engineering Ethics – Artificial Intelligence Crime: An Interdisciplinary Analysis of Foreseeable Threats and Solutions*, Oxford.

Knobloch, Tobias (2018): *Vor die Lage kommen - Predictive Policing in Deutschland*, Gütersloh.

Kocsis, Richard N. (2009): *Applied Criminal Psychology - A Guide to Forensic Behavioral Sciences*, Springfield.

Maier, Marcel (2014): *Criminal Profiling – den Tätern auf der Spur*, Hamburg.

Merkel, Bruno (2016). *Ausbildung und typische Verwendungsbereiche von Personenschützern in Deutschland*, Hamburg.

Schwind, Hans-Dieter (1987): *Empirische Kriminalgeographie*, Berlin.

Tuma, René (2017): *Videoprofis im Alltag – Die kommunikative Vielfalt der Videoanalyse*, Wiesbaden.

Von Liszt, Franz (1970): *Strafrechtliche Aufsätze und Vorträge, Band 2*, Berlin.

Zwingmann, Charles (1979*): Akademische Reihe Kriminalsoziologie, 3. unveränderte Auflage*, Wiesbaden.

Internetquellen

Bundesamt für Sicherheit in der Informationstechnik - BSI. *Grundsätzliche Funktionsweise biometrischer Verfahren*, URL: https://www.bsi.bund.de/DE/Themen/DigitaleGesellschaft/Biometrie/AllgemeineEinfuehrung/einfuehrung.html, (Datum der Recherche: 01.05.2020).

Bundesamt für Sicherheit in der Informationstechnik - BSI. *Social Bots und Chat Bots: Kleine Mini-Roboter mit eigener Identität im Netz*, URL: https://www.bsi-fuer-buerger.de/BSIFB/DE/DigitaleGesellschaft/SozialeNetze/Bots/bots_node.html, (Datum der Recherche: 27.05.2020).

Bundeskriminalamt BKA (2018). *BKA-Herbsttagung 2018*, URL: https://www.bka.de/DE/AktuelleInformationen/Publikationen/BKA-Herbsttagungen/2018/bka-herbsttagung2018.html, (Datum der Recherche: 15.04.2020).

Clearview AI. *Computer Vision for a safer world*, URL: https://clearview.ai/, (Datum der Recherche: 28.05.2020)

DWIH Moskau. *AM 27.06. FAND IN MOSKAU EIN DEUTSCH-RUSSISCHES WISSENSCHAFTSFORUM ZU KÜNSTLICHER INTELLIGENZ (KI) STATT*, URL: https://www.dwih-moskau.org/de/event/ai-bekoming-human/

DWIH Moskau. *Wie sieht die Künstliche Intelligenz Menschen?*, URL: https://www.dwih-moskau.org/de/2019/06/24/wie-sieht-die-kuenstliche-intelligenz-menschen/, (Datum der Recherche: 28.05.2020)

Encyclopaedia Britannica. *Major Concepts And Theories*, URL: https://www.britannica.com/science/criminology/Sociological-theories, (Datum der Recherche: 10.04.2020).

Erling, Johnny (2019). *So absurd ausgefeilt ist Chinas Überwachungssystem*, URL: https://www.welt.de/wirtschaft/article192029849/Social-Scoring-So-absurd-ausgefeilt-ist-Chinas-Ueberwachungssystem.html (Datum der Recherche: 16.05.2020).

Kämpfer, Andreas, Voss-de-Haan, Patrick (2019). *KI und ihre Bedeutung für die Polizei*, URL: https://www.bka.de/SharedDocs/Downloads/DE/Publikationen/ForumKI/ForumKI2019/kiforum2019VossKaempferAbstract.html, (Datum der Recherche: 28.04.2020).

Kriminologie. *Der geborene Verbrecher?*, URL: http://www.kriminologie-online.com/kriminalitaetstheorien/der-geborene-verbrecher/, (Datum der Recherche: 01.05.2020).

Mandl, Thomas. *Die Erkennung unangemessener Inhalte im Internet - KI-Verfahren - Evaluierung und Ergebnisse*, URL: https://www.degruyter.com/view/journals/bd/54/3-4/article-p214.xml, (Datum der Recherche: 28.04.2020).

NBC News (2019). *Social Credit System Coming To China, With Citizens Scored On Behavior*, URL: https://www.youtube.com/watch?v=NOk27l2EBac, (Datum der Recherche: 19.05.2020).

Polizeiakademie Niedersachen POL-AK NI. *Polizeistudium geht neue Wege - Pilotprojekt zur Spezialisierung in Nienburg gestartet*, URL: https://www.presseportal.de/blaulicht/pm/104523/4410179, (Datum der Recherche: 21.10.2019).

Polizei Badenwürtenberg. *FAKULTÄT II – Kriminalwissenschaften – nähere Informationen*, URL: https://www.hfpol-bw.de/index.php/55-studium-an-der-hfpol/fakultaeten/was-wir-tun/70-fakultaet-ii-kriminalwissenschaften-naehere-informationen, (Datum der Recherche: 11.04.2020).

Springer Gabler: *Kriminologie*, URL: https://wirtschaftslexikon.gabler.de/definition/kriminologie-53407, (Datum der Recherche: 14.04.2020).

T3n (2020). *Edward Snowden warnt: Corona-Überwachung wird Virus überleben*, URL: https://t3n.de/news/edward-snowden-warnt-virus-1266408/, (Datum der Recherche: 29.03.2020).

ZKPF Zentrum für Kriminologie und Polizeiforschung. *Kriminologie*, URL: https://www.zentrum-fuer-kriminologie-polizeiforschung.de/kriminologie.html, (Datum der Recherche: 13.04.2020).

Unveröffentlichte Arbeiten

Zerbin, Daniel (2020). *Modul Grundlagen Kriminalwissenschaften (SiMa/3) 03/20*, NBS – Northern Business School gGmbH, Hamburg.